Zwerg Bartli

© Buchhandlung Baeschlin Glarus
2. Auflage 1994
ISBN 3-85546-051-5
Druck: Spälti Druck AG, 8750 Glarus

Zwerg Bartli

Ein Märchen aus den Glarnerbergen

Text: Lorly Jenny / Illustrationen: Paul Wyss

Aus dem Dialekt übertragen von
Maria Spälti-Elmer

Weit hinten im Glarnerland und hoch über dem Tal, zu Füssen mächtiger Felswände, liegt eine weite, ebene Wiese. Auf der einen Seite geht sie in einen dunkeln Tannenwald über, auf der andern steigt sie zu einem kleinen Hügel an. Dort stehen hohe Bäume dicht beieinander, vor ihnen kuscheln sich einige Sträucher und Büsche. Zwischen diesen ist ein Häuschen versteckt, braun wie Tannenrinde.

Nun öffnet sich das Haustürchen und ein Zwerg tritt heraus, der Bartli. Er trägt einen braunen Wams und braune Hosen. Seine hellen Augen schauen vergnügt in die Welt hinaus, und ein langer, langer, grauer Bart reicht ihm bis zu den Füssen.

«Juhui!» jauchzt er und tanzt auf der Wiese herum, «der Lenz ist da, es schmilzt der Schnee!»

Bartli setzt sich auf einen Stein und betrachtet vergnügt seine kleine Welt. Der Himmel leuchtet dunkelblau, nur an schattigen Stellen sieht man noch wenige schmutziggraue Schneeresten. Ein Bächlein plaudert durch die Wiese. Überall entfalten sich weisse und blaue Krokusse, Soldanellen drängen sich durch die Schneeflecken, und die Herrgottssternchen sehen aus, als seien sie soeben vom Himmel gefallen.

Der Föhn braust gewaltig durch die Bäume, so dass die Tannzapfen zu Boden fallen. Einer davon landet direkt auf Bartlis Nase.

«He da, du Föhn, pass ein bisschen auf!» empört sich der Zwerg, «mich musst du wirklich nicht mehr wecken!»

Munter geht er über die noch feuchte Wiese hinab zur Matt; das Schneewasser gluckst unter seinen Schuhen. Hell leuchten die Dotterblumen am niedrigen Ufer des Blattenbaches, und munter sprudelt das klare Wasser über die Steine. Ein Kuckuck fliegt über die Sträucher. «Kuckuck, kuckuck!» ruft er.

Bartli winkt ihm zu und antwortet: «Juhuu, juhuu!» Er schaut in die Luft, anstatt auf seine Füsse zu achten. So tritt er auf den langen Bart, stolpert über einen Maulwurfhügel und fällt auf einen Schneeflecken.

«Na denn, gute Nacht! Willst wohl Mäuse fangen, Bartli?» neckt ihn die Hasenmutter, die ihm zugeschaut hat.

Verdutzt steht das Zwergenmännchen auf und reibt seinen Ellbogen. «Mach dich nicht lustig über mich, du kleiner Hase! Mein Bart ist während des Winterschlafes ganz schön lang geworden und hindert mich jetzt beim Gehen. Wie wär's, wenn du mit deinen scharfen Zähnen ein Stück davon abbeissen würdest?»

«Nein Bartli, das tu ich nun wirklich nicht, das würde nämlich meine Nase kitzeln. Überhaupt bin ich in Eile und muss zu meinen Kindern». Und schon ist die Hasenmutter unter einem Reisighaufen verschwunden.

So faltet denn der Zwerg seinen Bart über den linken Arm und steigt dem Blattenbach entlang hinauf zum Blattenbödeli. Dort lehnt er sich an einen Stein und macht es sich gemütlich, bis es zu dämmern beginnt und über dem Rietstöckli der Abendstern leuchtet. Da hört er auf einem Tannenast über sich: «Uhuu, uhuhuhuu, bist es duuu?»

«Guten Abend, Eule! Ja, ich bin's. Könntest du mir bitte helfen? Mein Bart ist nämlich zu lang, würdest Du mit deinem scharfen Schnabel den untersten Zipfel abzwacken?»

Lautlos gleitet die Eule von der Tanne zum Zwerg hinunter.

Miteinander legen sie den Bart über einen dort liegenden Trämmel, und die Eule macht sich an die Arbeit.

«Ist es gut so?»

«Ja, hab' vielen Dank, jetzt werde ich nicht mehr über meinen eigenen Bart stolpern. Lass es mich wissen, liebe Eule, wenn auch ich Dir einmal einen Gefallen erweisen kann.»

«Uhuhuhuu» tönt es bereits wieder vom Wald her.

Der Himmel steht schon voller Sterne, als Bartli sein Haustürchen aufschliesst und sich in der kleinen Kammer auf dem Laubsack zur Ruhe legt. Ganz müde ist er von diesem ersten Frühlingstag geworden.

Wie am nächsten Morgen die Sonne über den Hahnenstock guckt, ist Bartli schon wieder unterwegs. Er will Tydi *(Katharina)* besuchen, die alte Kräuterfrau, die weit weg in einem andern Wald lebt, dort wo der Brummbach über die Felsen stürzt. Über Steine und Wurzeln muss Bartli mit seinen kurzen Beinen klettern, auf einem schmalen Weg, der steil nach oben führt. Dabei bleibt er an einem dürren Ast hängen, und wie er sich losreissen will, macht es ritsch-ratsch, und die Hose hat einen langen Schranz.

«Oh du meine Güte», schimpft Bartli, «das ist meine einzige Hose!» und versucht, mit einer Hand den Riss zu verdecken.

Glücklicherweise ist es nicht mehr allzu weit zum Tydi. Schon sieht er deren Häuschen, das dicht an eine Felswand gekuschelt ist. Bald darauf steht er vor der Türe und klopft an.

«Wer ist draussen?»

«Ich bin's, der Bartli.»

«Dann komm doch herein, es ist nicht abgeschlossen.»

Bartli öffnet: «Grüezi, Kräuterfrau Tydi!»

«Schau, schau, der Bartli ist wieder da! Hat dich der Föhn geweckt, oder war es die warme Sonne?»

«Also gestern bin ich erwacht, und ... »

Tydi unterbricht ihn: «Aber warum hältst du eine Hand auf den Hosenboden?»

Bartli wird feuerrot und stottert: «Ich ... ich ... ich habe drum meine Hose zerrissen.»

Tydi lacht: «Wenn's weiter nichts ist! Zieh sie einfach aus und mach es dir für eine Weile auf der Ofenbank bequem. Unterdessen will ich deinen Hosenboden zusammennähen.»

Bartli wird es leichter zu Mute. Schnell steigt er aus dem zerrissen Kleidungsstück. Tydi setzt eine Brille mit grossen Gläsern auf die Nase, holt Nadel und Garn aus dem Wandkasten und macht sich an die Arbeit. «Während ich deine Hose flicke, kannst du mir etwas erzählen. Wie sieht es aus im dunkeln Wald nach dem vielen Schnee, der im vergangenen harten Winter gefallen ist? Führt der Blattenbach viel Wasser? Ist die Matt schon grün?»

Bartli erzählt, was er alles erlebt hat, seit er gestern aus dem Winterschlaf aufgewacht ist: von den Krokussen und den Soldanellen, dass die Hasenmutter Junge und die Eule ihm den Bart gestutzt habe.

Die Kräuterfrau schüttelt sich vor Lachen, dann streckt sie ihm die Hose hin: «Da, jetzt ist sie wieder geflickt.»

Auf dem Hosenboden prangt nun ein schwarzes Stoffstück, das mit grossen Stichen aufgenäht ist.

«Oh, nun sieht es aus, wie ein Fensterchen! Und jetzt kann es nicht mehr hinten hereinziehen.»

Die beiden lachen, und Bartli bedankt sich artig: «Dafür werde ich Dir die ersten Kräutlein bringen, die ich auf der Alp finde. Ich weiss auch schon welche: Silbermäntelchen, Baldrian und Lauch *(Bärlauch)* vom oberen Stafel, und Brunnenkresse, wenn's Sommer wird.»

Bald darauf muss sich Bartli auf den Heimweg machen, denn für seine kurzen Beine ist es ein weiter Weg bis zum Grotzenbüel, wo er zuhause ist.

Bartli begann also wieder neu aufzuleben nach seinem langen Winterschlaf. Am Morgen, wenn er beim Öffnen der kleinen Haustüre die Sonne am blauen Himmel strahlen sah, schien ihm, es könne nirgends auf der Welt so schön sein wie auf seiner Alp. Die Firne glänzten auf den Bergen, die dunkelgrünen Wälder nickten ihm freundlich mit den Wipfeln zu, und alle Bächlein wollten mit ihm plaudern. Mit einem hellen Jauchzer machte er seiner Freude Luft.

Bartli kennt sie alle beim Namen, die Bergspitzen, die Wälder und Bäche. Immer wieder musste er zum Eggstock hinaufschauen. Welch hoher Berg! Seine steilen Hänge reichen bis zum oberen Stafel. Gleich unter der Felswand steht ein ungeheuer grosser Felsblock mit Mauern, Türmen und Giebeln. Zuoberst liegt eine mächtige Felsplatte, fast wie ein Vordach. Dort ist die Zwergenburg, wo der Zwergenkönig wohnt! Bartli hat ihn zwar noch nie gesehen, aber er weiss, dass alle den König verehren.

Wie gerne würde Bartli einmal in dieses Schloss hineingehen! Doch einstweilen streicht er Tag für Tag mit seinem Bergstock auf der Alp umher. Eben ist er dabei, Wurzeln von kleinen Farnkräutern auszugraben, um sie zum Znüni zu essen. Da hört er eine Stimme von einem Baum herab:

«Jetzt schaut mal den da an, der isst die Wurzeln samt der Erde dran! Das soll wohl gut sein?»

Bartli schaut hinauf und fragt:

«Wer ist denn dort oben?»

«Gix, ich bin es!»

«Ich sehe dich aber nicht!»

Jetzt wippt hoch oben auf einer Tanne ein Ast, und ein Eichhörnchen hüpft von einem Baum zum andern.

«Siehst du mich jetzt, Bartli? Na, was meinst, so gut turnen wie ich kannst du dann doch nicht!»

«Ich hab's auch noch nie versucht», brummt Bartli, und tut so, als hätte er nur Interesse an seinen Wurzeln.

Das Eichhörnchen kreist den Stamm herunter, und mit einem Satz hüpft es neben Bartli. Es setzt sich auf die Hinterbeine, hält ein Pfötchen empor und klagt:

«Ich kann gar nicht mehr flink auf die Bäume klettern, die Zehen tun mir so weh!»

«So zeig einmal her.»

Bartli hat Mitleid mit dem Eichhörnchen. Sorgsam betastet er das kranke Pfötchen und sagt dann: «Zwischen deinen Krällchen stupfen dich spitze Tannennadeln», und er fängt an, das Pfötchen sorgfältig zu behandeln.

«Oh, oh», wimmert es, doch Bartli macht unbeirrt weiter, bis alle Nadeln entfernt sind. Überglücklich bedankt es sich: «Danke vielmals, lieber Bartli, obwohl mir deine Behandlung weh getan hat. Nun geht es mir viel besser. Dafür hole ich dir etwas Feines zum Essen.»

Wie der Blitz verschwindet das Eichhörnchen auf der nächsten Tanne und holt von zuoberst einen grossen Tannzapfen. Es zeigt Bartli, wie man die braunen Schuppen abzupft. Darunter liegen Flügelchen mit winzigen Samen, die wie Nüsschen schmecken.

«Das ist wirklich gut», anerkennt Bartli. Zusammen essen sie die Samen von drei Tannzapfen. Welch feines Znüni! Dann aber ist Bartlis Bäuchlein so voll, dass er ein Schläfchen nötig hat. Das Eichhörnchen schaukelt währenddem auf einem nahen Ast auf und nieder vor lauter Freude, dass ihm das Pfötchen nicht mehr weh tut.

Inzwischen war es richtig Sommer geworden, und mit einemmal ging es auf der Alp ganz lebhaft zu. Das Vieh war zu Alp gefahren worden! Herdenweise waren sie vom Tal heraufgekommen, die Kühe, die Rinder und Kälber. Zwar hatte der weite Weg die Tiere ermüdet, aber wie sie das köstliche Alpgras sahen, machten sie sich doch gleich dahinter. Erst nachdem sie sich sattgegessen hatten, legten sie sich an einen schattigen Platz und ruhten sich aus.

Von diesem Tag an beginnt Bartli die Herde zu hüten. Ausgerüstet mit seinem Bergstock folgt er ihr zum Rotberg hinauf. Der Zwerg hat besonders feine Ohren, deshalb hört er auch eines Nachmittags trotz des Herdengeläutes das jämmerliche Klagen eines Kälbchens. Er steigt höher, und weit oben sieht er das Tier auf einem Felsband stehen. Es wagt sich weder vorwärts noch rückwärts und kann weder hinauf noch herunter. Fast hätte sich auch Bartli gefürchtet, doch dann reisst er ein Büschel duftendes Alpgras ab, nähert sich damit und streckt es dem Kälbchen hin. Dieses zögert, macht einen Schritt vorwärts, noch einen und einen dritten ... Bartli lockt weiter mit dem würzigen Gras, bis das Tier wieder auf sicherem Boden steht und Bartli es zur Herde zurückführen kann.

Am nächsten Morgen wandert er zuerst zum Seblensee, um Heidelbeeren zu suchen. Sorgsam legt er Beere um Beere in ein Körbchen, bis er müde wird und sich auf einem Baumstamm ausruht. Es ist ganz schön warm heute, und mit einem Taschentuch wischt er sich die Stirne ab. Er schaut den grossen Ameisen zu, die fleissig Tannennadel um Tannennadel zu ihrem Bau schleppen.

Stimmen nähern sich, und Bartli sieht einen Knaben und ein Mädchen unter den Tannenästen durchschlüpfen.

«Oh schau, Andres, wie viele Beeren es hier hat!» ruft das Mädchen. Beide setzen sich in die Stauden und schmausen Heidelbeeren nach Herzenslust.

Bartli schaut den Kindern zu. Zu gerne möchte er sich mit ihnen unterhalten, aber für die Menschen ist er eben unsichtbar. Nur die Vögel und die andern Tiere können ihn sehen und mit ihm reden. So blickt er denn den beiden ein bisschen traurig nach, bis sie im Wald verschwinden. Mit einem Seufzer will er aufstehen und weitergehen, als er ein feines Stimmchen hört: «Oh je, oh je, oh je!»

«Wer jammert denn hier so?» fragt Bartli.

«Ich bin's, das Mäuschen.»

«Ja, was ist denn mit dir los?»

«Mein Schwänzchen hat sich zwischen zwei Steinen verklemmt, jetzt kann ich nicht mehr nach Hause gehen.»

Bartli erspäht das zitternde Tierchen mit den schwarzen Knopfaugen. Ganz sorgsam hebt er den einen Stein zur Seite, und das Schwänzchen ist wieder frei.

«Danke, danke, Bartli! Du bist wirklich der Beste. Was wären wir nur ohne dich auf der Alp!»

Das Zwergenmännchen brummt etwas in seinen Bart hinein, aber eigentlich findet er es ganz schön, dass das Mäuschen ihm etwas so Nettes sagt.

Es dämmerte schon, als er zu seinem Häuschen im Grotzenbüel zurückkehrte. Mit einemmal wurde es dunkel wie in einer Kuh, es blitzte und donnerte, und bald fiel der Regen in Strömen.

Das gefiel Bartli gar sehr nach der grossen Hitze der letzten paar Tage. Er öffnete die Türe und das Fensterchen, damit die frische Luft hereinströmen konnte. «Morgen werde ich zum Tydi gehen», nahm er sich noch vor, ehe er sich auf seinem Laubsack zum Schlafen niederlegte.

Anderntags stand Bartli früh auf, füllte im dunklen Wald seinen Rucksack mit Silbermäntelchen und wickelte Brunnenkresse in ein Taschentuch. Dann keuchte er mit dieser Bürde samt einem Körbchen voller Heidelbeeren den steilen Weg zum Tydi hinauf.

Leise klopft er an, aber er erhält keine Antwort. Nun klopft Bartli lauter, und dann ein drittesmal, nun wirklich unüberhörbar. Als darauf immer noch keine Antwort erfolgt, öffnet er sachte die Türe und tritt ein. Da sieht er die Kräuterfrau krank in ihrem Bett liegen. Sie kann kaum sprechen, so heiser ist sie, und Fieber hat sie auch. Bartli erschrickt und fragt besorgt: «Tydi, kann ich dir helfen? Schau, ich habe Heidelbeeren für dich gebracht, die werden dir bestimmt gut tun.»

Zuerst will Tydi nichts davon wissen, aber wie Bartli ihm mit einem Löffel die kühlen, blauen Beeren in den Mund schiebt, schluckt sie doch und anerkennt: «Oh, das tut meinem Hals wirklich gut!»

Darauf holt Bartli Wasser vom Bach und braut aus Isländisch Moos einen Hustentee. Aber Tydi jammert aufs neue: «Ach Gott, was soll ich nur tun? Meine Beine sind

so schwach, und ich sollte doch ins Dorf hinunter, um diese Frauenmänteli in den zu Laden bringen. Auch die andern Kräuter werden ganz dringend gebraucht, damit sie Zieger machen können. Dafür bekäme ich etwas Geld und könnte damit Kaffeebohnen und Zucker kaufen. Oh je, oh je, was ist das nur für ein Pech!»

Bartli wird ganz schwer unter seinem braunen Wams. Doch dann fällt ihm ein, wie er dem Tydi helfen könnte. Er holt tief Luft, ehe er der kranken Frau vorschlägt: «Nimms nicht so schwer, ich werde für dich gehen», und ohne zu zögern packt er in seinen Rucksack, was Tydi bereitgelegt hat. Dann füllt er noch sein Taschentuch mit den würzigen Kräutern für den Zieger.

Im Tal unten war er noch nie gewesen, deshalb hörte er aufmerksam zu, als Tydi den Weg beschrieb. Als es dämmerte, machte er sich auf und stieg durch den Wald zum Dorf hinunter. Er ging aber gar nicht gerne, denn er fürchtete er sich vor den Hunden. Die haben so gute Nasen, dass sie alles viel besser riechen können als die Menschen. Er hatte richtig Angst und hatte das Gefühl, die Kräuterlast werde immer schwerer.

Zuerst kommt er an einem einzelnen Stall vorbei, dann nähert er sich den grossen Wohnhäusern. Eine Strassenlaterne brennt.

Wie er um die Ecke biegt, steht er bereits vor dem Laden, wo er die Kräuter abzuliefern hat. Hier hätte er eigentlich an der Türe läuten sollen, aber er ist zu klein, um die Glocke zu erreichen. So legt er den Rucksack mit den Frauenmänteli vor den Eingang und daneben das Taschentuch mit den Kräutern für den Zieger. Darauf poltert er mit den Schuhen an die Tür, dass es im ganzen Haus hallt, flitzt um die Hausecke und verbirgt sich hinter einem Scheiterhaufen.

Die Türe öffnet sich, ein Mann tritt heraus. Wie er den prallen Rucksack und das gefüllte Taschentuch am Boden sieht, hebt er beides auf und wundert sich vernehmlich:

«Warum nur ist das Tydi gleich wieder weggegangen, ohne ihren Kaffee und Zucker mitzunehmen? Jä nu, so lege auch ich ganz einfach ihre Ware vor die Türe, Tydi wird sicher nochmals vorbeikommen und sie dann holen.»

Doch kaum hat er die Türe hinter sich geschlossen, schleicht Bartli hinter dem Scheiterhaufen hervor, schultert den Rucksack samt seinem neuen Inhalt und verstaut sein nun leeres Taschentuch im Hosensack.

Der Mond versilberte mit seinem Schein den Ortstock, als sich Bartli zufrieden wieder bergwärts wandte. Unentwegt setzte er einen Fuss vor den andern, und mitten in der Nacht brachte er dem kranken Tydi den ersehnten Kaffee und den Zucker. Dann trottete er nach Hause, ganz müde, aber unter seinem Wämslein war ihm warm und wohl.

Ungefähr einen Monat später erwacht Bartli früher als sonst. Er hört die Sennen ganz in der Nähe jauchzen. Schnell schaut er zum Fenster hinaus und gewahrt, wie die Kühe und Rinder zusammengetrieben und vom Blattenbach zum Grotzenbüel hinabgeführt werden. Die munteren Kälber springen mit hoch aufgerichteten Schwänzen neben der Herde einher.

Alle Tiere haben saubere, glänzende Felle und runde Bäuche. Einige tragen Blumensträusse zwischen den Hörnern, andern hat man die Melkstühle auf dem breiten Kopf befestigt, und alle tragen sie Glocken um den Hals, die wie Gold glänzen.

Auch die Sennen haben ihre Hüte bekränzt, und heuern *(jauchzen)*, dass das Echo von der Milzischwändi etliche male antwortet.

Bartli steht da mit den Händen in den Hosentaschen. Er folgt der Herde mit seinen Blicken, bis auch die letzte Kuh unten hinter der Hütte verschwunden ist. Aufs mal ist es nun totenstill auf der Alp. Es wird ihm ganz anders um Herz, Bartli fühlt sich verloren und verlassen. Der warme und schöne Sommer ist vorbei, der Herbst kündigt sich an, und die Sonne verschwindet jeden Tag etwas früher hinter dem Turm.

Freudlos schweift Bartli weiterhin über die Alp. Er steigt weit hinauf bis zu den Stöllen, einer Art Steinkegel, welche wie Ziegerstöckli aus den steilen Grasbändern herauswachsen. Dort hausen die Munggen *(Murmeltiere)*, und der Zwerg schaut diesen lustigen Tieren immer gerne zu. Mit ihren breiten Vorderzähnen rupfen sie das Gras ab, lassen es an der Sonne trocknen, scharren es darauf zusammen und tragen das Heu in ihren Bau unter der Erde. Wenn Menschen auftauchen, lässt der alte Mungg, der auf einem Stein Wache hält, scharfe Pfiffe ertönen. Darauf verschwindet die ganze Munggenfamilie blitzschnell in ihrem Bau. Bartli, der sie regungslos beobachtet, lacht laut, wenn die Tiere nach einer Weile vorsichtig ihre Köpfe wieder aus den Löchern hervorstrecken.

«Was seid ihr doch für Angsthasen! Einfach davonlaufen wie verstörte Hühner!»

Aber der alte Mungg erwidert: «Bartli, das verstehst du nicht. Nicht vor dir fürchten wir uns, aber vor den Menschen, besonders wenn sie diese langen Prügel mit sich tragen, welche einen so schrecklichen Lärm machen. Dich können sie mit ihren eigenartigen grossen, langen Augen *(Feldstecher)* glücklicherweise nicht sehen. Aber hilfst du mir nun, das Emd einzubringen? Es geht ein kühler Wind heute, und wir wollen unsern Schlafgaden für den Winter vorbereiten.»

Wie Bartli etwas später vorsichtig über die Felsen absteigt, begegnet er einem Rudel Gemsen, das auf einem Grasband weidet.

«So Bartli, geht's nach Hause?» fragen sie.

«Ja, ich muss zurück, ehe es dämmert, sonst sehe ich nichts mehr drunten beim Eggloch.»

«Recht hast Du. Jaja, der Sommer geht zu Ende, uns wächst bereits der Winterpelz. Wir haben es eben nicht so gut wie du und die Murmeltiere, wir können den Winter nicht einfach verschlafen. Eine harte Zeit bricht für uns an, bald müssen wir das Gras unter dem tiefen Schnee hervorscharren und uns von Baumrinde ernähren. Dazu kommt die Angst vor den Jägern. Also, schlaf dann gut, wir sehen uns im nächsten Frühjahr wieder.»

Bartli schaut den Gemsen nach, wie sie scheinbar mühelos den steilen Hang emporspringen und schliesslich weit oben hinter einem Felsvorsprung verschwinden. Ein grosser Schwarm Alpendohlen mit gelben Schnäbeln und roten Beinen kreist über den Tannen und fliegt dann gegen den Ortstock.

Es war nun fast unheimlich still geworden auf der Alp. Der abnehmende Mond hing als schmale Sichel am Himmel. Tag für Tag wurde es kälter. Bartli spürte, dass der Winter vor der Türe stand.

So ging er zur Alpmauer hinunter, zu den grossen Ahornbäumen, um dürre Blätter für einen warmen Laubsack zusammenzutragen. Wie er sich mit dem Laubbündel auf dem Rücken seinem Häuschen nähert, sieht er einen andern Zwerg davor stehen. Überrascht lässt Bartli seine Last zu Boden gleiten.

«Wer bist du, und was willst du?» fragt er.

«Ich heisse Balz und habe dir etwas mitzuteilen.»

«Willst du nicht eintreten?» lädt Bartli ihn ein, und öffnet die Türe. «So setz dich und erzähle, was dich zu mir führt.»

Balz hebt an: «Ich bin der Gehilfe des Zwergenkönigs und komme aus der Zwergenburg. Wenn das Jahr sich dem Ende zuneigt, gibt der König jeweils ein Fest für Zwerge und Blumenmädchen. Danach legen sich alle Zwerge zum Winterschlaf hin, und die Mägdlein verschwinden unter der Erde bis der Frühling sich wieder ankündet. Zu diesem Fest bist du nun auch geladen.»

Bartli macht grosse Augen. «Ich ... ich ... bin eingeladen in die Zwergenburg?»

«Richtig», bestätigt Balz, und fährt fort: «Das Fest findet in der letzten Vollmondnacht vor dem kürzesten Tag statt. Aber ehe der Mond untergeht, müssen alle Gäste wieder zu Hause sein, sonst ergeht es ihnen schlecht! So hat es der König bestimmt. Am Abend da die Eule dreimal ruft, kommst du zum Schlosseingang. Das ist eigentlich alles, leb wohl!»

Bartli weiss nicht mehr, wo ihm der Kopf steht. Er geht vor sein Häuschen und sieht dort den Laubhaufen liegen. Vor lauter Ausgelassenheit springt er mitten hinein, schlägt ein paar Purzelbäume, wirft mit beiden Händen die dürren Blätter in die Luft, macht gar einen Kopfstand und zappelt dabei mit den Beinen. Ganz zerzaust steht er endlich wieder auf und schüttelt das Laub aus Bart und Haaren. Aber so richtig kann er es einfach noch nicht fassen, dass er, der Bartli, zu diesem grossen Fest eingeladen ist, dass er wahrhaftig den Zwergenkönig sehen wird!

«Morgen gehe ich zum Tydi. Jemandem muss ich von meinem unwahrscheinlichen Glück erzählen», spricht er zu sich selber, wie er sich auf seinen frischgefüllten Laubsack zur Ruhe legt.

Kurz nach Tagesanbruch ist er bereits im Seblen, um Pilze zu suchen, gelbe und dunkelbraune, und mit einem vollen Körbchen eilt er zum Tydi. Dieses staunt denn auch nicht wenig über Bartlis Bericht.

«Ja, sieh mal einer an, der Bartli geht zum Tanz. Kannst du denn walzern?»

«Sollte ich's denn können?»

«Wirst schon sehen!» lacht das Tydi, und nimmt aus einer Schublade ein weisses Taschentuch. «Da, für's Fest.»

Bartli meint, noch nie etwas so Feines und Schönes in den Händen gehalten zu haben und bedankt sich voller Freude, ehe er in sein Häuschen zurückkehrt.

Von nun an schien es Bartli, der Mond wolle und wolle sich nicht runden vor dem kürzesten Tag. Aber mit einemmal war es dann doch so weit.

Es war ein kalter Morgen, als der Zwerg früh aufstand und zum Blattenbach hinüber ging. Zuerst wollte er sich nur das Gesicht und vielleicht auch noch den Hals waschen. Aber dann dachte er an den König, und dass man an einem solchen Fest doch ganz besonders sauber sein

13

sollte. So zog er sich denn ganz aus, stieg tapfer ins eiskalte Wasser und schrubbte sich so tüchtig, dass seine Haut sich rötete. Dabei schlotterte er aber ganz schön. Schnell fuhr er deshalb wieder in seine alten, braunen Kleider.

Dann betrachtete er lange und nachdenklich seine schmutzigen Schuhe, putzte sie darauf mit Moos und Wasser und versuchte schliesslich, sie mit etwas Spucke zum Glänzen zu bringen. Obwohl sie nun sauber waren, blieben sie doch dieselben verlöcherten Latschen mit den schiefgetretenen Absätzen. «Zum Kuckuck, ich habe nun mal keine andern!» rechtfertigte er sich.

Zuhause kämmte er mit einem Zweig den Bart und steckte Tydis feines Taschentuch zu sich. Wie es dunkel wurde, trat er vor's Häuschen. Dabei hatte er ein wenig Herzklopfen. Er lauschte ... Der Mond, jetzt gross und rund, tauchte die ganze Alp in silbernes Licht. Und dann tönte es von weit her «uhuu, uhuhuhuuuu», dreimal hintereinander.

Der Zwerg wirft die Haustüre hinter sich zu und eilt wie ein Wiesel das Bord hinunter zur Matt, dann hinauf zum oberen Stafel. Schwarze Tannen säumen den Weg. Bartli schaut nach oben. Dort hebt sich das Zwergenschloss majestätisch gegen den Sternenhimmel ab – eine mächtige Felsenburg.

Er hört Schritte. Von überall her nähern sich Zwerge, und alle tragen sie lange, graue Bärte wie er selber. Wortlos steigen sie bergan, einer hinter dem andern, bis zur Wegbiegung. Dort liegt eine Felsenplatte, daneben sieht man ein Loch, in das sie nun eintreten. Erst steigen sie einige Stufen hinab, dann gehen sie einen langen, dunklen Gang entlang. Bartli ist als letzter eingetreten und ängstigt sich ein wenig in der Dunkelheit drinnen im Berg. Nur gelegentlich bricht von irgendwo ein Lichtschimmer durch.

Jetzt wird es heller. Bartli befindet sich inmitten einer grossen Zwergenschar in einem Felsenraum, dem Vorzimmer zum Königssaal. Alle verhalten sich mäuschenstill; sie schauen und staunen. Bartli sieht Balz und winkt ihm zu. Dieser erklärt: «Wenn alle eingetroffen sind, beginnt das Fest. Jeder einzelne wird dann dem König vorgestellt, und bis dahin haben sich alle still zu verhalten. Schau, die Blumenjungfern kommen.»

Und wirklich, da treten sie ein, die Glockenblume, das Margritli, der Enzian und die Alpenrose, der Krokus, und die Soldanelle, die Schlüsselblume, das Vergissmeinnicht, die Anemone und die Dotterblume, dann das Florblümchen, das Frauenschühlein, das Männertreu, die Feuerlilie, das Edelweiss, die Silberdistel, und wie sie alle heissen. Es sieht aus, als käme ein duftender Blumenstrauss daher, so frisch sehen die kleinen Blumengesichtlein aus mit den zarten, blühenden Käpplein.

Nun klatscht Balz in die Hände, worauf sich zu jedem Zwerg ein Blumenmädchen gesellt. Eine weite Tür öffnet sich ... und dahinter erstrahlt ein mächtiger Saal im Licht

von hundert kleinen Laternen. Der Fussboden ist mit einem dicken Moosteppich belegt, an den hohen Wänden funkeln Bergkristalle und schimmert Glimmer. Vor der strahlendsten Wand erhebt sich auf einem Felspodest ein Thron aus weissem Kalkstein. Dort sitzt er, der König! Ein dunkelroter, pelzverbrämter Mantel umhüllt ihn, und auf seinem Haupt trägt er eine goldene, edelsteinbesetzte Krone. Sein weisser Bart reicht ihm bis zu den Knieen. Beidseits des Thrones halten zwei Gehilfen eine Fackel in die Höhe. Mit ernsten Augen blickt er auf die Zwerge und die Blumenmägdlein.

Wiederum klatscht Balz in die Hände, darauf nimmt jeder Zwergenmann eine Blumenjungfer bei der Hand. Ein langer Zug formt sich, der sich langsam zum Thron hin bewegt. Vor dem König bleibt jedes Paar kurz stehen und verneigt sich tief.

Dem Bartli wird es ganz anders zu Mute, immerzu blickt er zum König hin, und es dauert eine ganze Weile, bis er merkt, dass auch er sich in den Zug einzureihen hat und neben ihm das Glockenblumenmädchen wartet. Er reicht ihm die Hand, und nun schreiten sie langsam voran.

Jetzt stehen sie vor dem König.

Bartli verbeugt sich tief, so tief, dass sein Bart über den Boden wischt.

Da erklingt unversehens hinter ihm ein helles Lachen in die feierliche Stille hinein: «Hihihi ... hihihi!»

Darauf erschrecktes Schweigen.

«Wer hat da gelacht?» fragt der König streng, und lässt seinen Blick missbilligend durch den Saal schweifen.

Balz tritt vor: «Herr König, es war die Silberdistel!»

Der König wendet sich zu ihr: «Silberdistel, weisst du nicht, dass jetzt alle noch still und ernsthaft zu sein haben? Weshalb musstest du denn lachen?»

Die Silberdistel, die hinter Bartli und der Glockenblume steht, antwortet immer noch kichernd: «Wissen Sie, Herr König, als Bartli sich verbeugte, habe ich dessen Hosenbodenfensterchen gesehen, und das fand ich so lustig.»

Der arme Bartli wird feuerrot. Es tut ihm weh, dass man sich über seine geflickten Hosen lustig macht.

«Bartli», fragt ihn der König, «weshalb hast du dich nicht angemessen gekleidet zu meinem Fest?»

Dem Bartli wird es heiss und kalt, und es ist ihm, als hätte er einen Klotz im Hals, wie er leise stottert: «Herr König, ich bin ... ich habe ... ich habe halt nur diese eine Hose», und zwei dicke Tränen kollern in seinen Bart.

Wohlwollend blickt ihn der König an, und gibt Balz einen Wink. Darauf wird Bartli in eine Kammer geleitet, in der an langen Stangen reihenweise Zwergenkleider in allen Farben hängen. Balz fordert ihn auf:

«Du darfst dir eines davon auswählen.»

«Ich? Für mich?» staunt Bartli. Er kann es kaum fassen, und es fällt ihm schwer, sich zu entscheiden.

«Mach schon», drängt Balz, «gleich beginnt die Musik zu spielen!»

Nun ist Bartli auf's mal schnell entschlossen. Er zeigt auf ein hübsches Gewand, das Balz ihm denn auch reicht. Potz tausend, wie er da rassig aus seinen alten Sachen fährt und die neuen Kleider anzieht! Grüne Hosen, grünes Wämslein mit goldenen Knöpfen, ein brauner Gurt ums Bäuchlein, eine spitze Mütze und erst noch nigelnagelneue Schuhe!

Er stellt sich vor einen Spiegel und erkennt sich selber kaum mehr. Das soll er sein, er, der Bartli?

Balz stösst ihn an:

«Geh jetzt wieder zurück. Inzwischen verstaue ich deine alten Kleider in einer Schachtel, die kannst du dann nach dem Fest mitnehmen.»

Diesmal stolziert Bartli fast ein wenig, wie er mit hocherhobenem Kopf wieder in den Saal zurückkommt. Für seine Ohren knarren die neuen Schuhe wunderbar, und golden glänzen die Knöpfe seines neuen Wamses. Schnurstracks und festen Schrittes geht er auf den Thron zu, verneigt sich aufs neue tief vor dem König und strahlt dabei über das ganze Gesicht: «Herr König, habt tausend Dank!»

Dieser nickt ihm schmunzelnd zu: «Ist schon gut, Bartli. Und nun sei wieder fröhlich!»

Der König klatscht in die Hände, und augenblicklich beginnt die Musik zu spielen. Jetzt ist es nicht mehr so feierlich still im Saal. Alles tanzt, redet und lacht durcheinander.

Das Glockenblumenmägdlein nähert sich Bartli.

«Wie schön du nun bist, du gefällst mir!»

Zusammen wirbeln sie durch den Saal, und alle freuen sich über Bartlis Glück.

Wie die Musik eine Pause einlegt, werden Tische in den Saal getragen und gedeckt. Es gibt Heidelbeerwein, Preiselbeerenmost und Himbeersirup, dazu dunkles Brot und frischen Landkäse. Bartli, der es sich munden lässt, ist einer der Ausgelassensten. Er steigt auf eine Bank und beginnt zu jodeln, so dass alle Gäste die grösste Freude an ihm haben.

Mit einemmal erhob sich der König, durchschritt den Saal und verliess ihn. Da wussten alle, dass das Fest vorbei war und man sich auf den Heimweg zu begeben hatte. Der Mond stand noch hoch am Himmel, auf dem Tödi leuchtete der ewige Schnee und es war ganz hell auf der Alp.

Bartli reichte dem Glockenblumenmägdlein galant den Arm und führte es auf die Matt hinunter. Es legte ihm ganz fest ans Herz, dass er unbedingt zu Hause sein müsse, ehe der Mond untergehe, sonst sei sie gezwungen, ihm den Bart auszureissen und zuoberst an eine hohe Tanne zu hängen. Darob musste Bartli laut lachen.

Plötzlich fuhr ihm durch den Kopf, dass er seine alten Kleider im Zwergenschloss vergessen hatte.

Gross war der Schreck, und die Glockenblume drängte ihn: «Lauf, Bartli, lauf! Ich warte derweilen auf dich, aber mach schnell, schnell!»

Da stürmt er wie der Blitz drauflos und keucht zurück zum Schloss. Dort brannte aber schon kein Licht mehr. So pocht er laut an die Türe und ruft:

«Balz, Balz, so öffne doch! Ich habe meine alten Kleider vergessen!»

Ihm scheint, es dauere eine Ewigkeit, bis endlich ein Fensterladen sich öffnet und Balz fragt:

«Wer schreit denn da so?»

«Ich bin's, der Bartli! Es pressiert, sei doch so gut und reich mir geschwind mein altes Gewand, das ich hier vergessen habe!»

«Du bist aber spät dran! Da, nimm deine Schachtel und lauf rasch nach Hause!»

Nun rennt er wieder den Berg hinunter zur wartenden Glockenblume, und zusammen eilen sie so schnell sie können über die Matt.

«Lauf weiter, Bartli! Ich bin hier Hause.»

Immer finsterer wird die Nacht, der Mond stösst bereits an den Ortstock.

«Lauf, Bartli, lauf!»

Ausser sich vor Atem erreicht er den Grotzenbüel, reisst das Haustürchen auf … stürzt in die Kammer … und schon verschwindet der Mond! Schwer keuchend sinkt Bartli auf einen Stuhl.

«Das hätte schief gehen können, zum Glück habe ich es gerade noch geschafft. Aber es war trotzdem ein fröhliches Fest! Und jetzt, gute Nacht!»

Langsam zieht er sich aus, legt die schönen, neuen Kleider sorgsam zusammen und streicht über die glänzenden Knöpfe.

Dann rollt er sich auf seinem Laubsack zusammen, zieht die Decke bis über die Ohren und fällt in tiefen Schlaf, den Winterschlaf.

Als Bartli im Frühling wieder erwachte und der Föhn durch die Tannen brauste, glaubte er vorerst, alles nur geträumt zu haben. Das Zwergenschloss, der König, die Glockenblume, das alles habe er nicht wirklich erlebt. Wie er aber sein neues, grünes Gewand sah mit den goldenen Knöpfen, wusste er, dass er alles wahrhaftig erlebt hatte, dass er beim Fest in der Burg gewesen war und beinahe zu spät nach Hause gekommen wäre.

Er nahm sein einfaches Zwergenleben wieder auf, stiefelte über die Alp, ging zum Tydi auf einen Schwatz, hütete das Vieh und war zufrieden. Manchmal legte er sich ins kühle Gras und träumte zum Himmel hinauf. Wenn's regnete, höckelte er vor seinem Häuschen unter einen Strauch und freute sich am Rauschen und Tropfen. Nie war ihm langweilig. Er war ganz einfach ein vergnügter, zufriedener Bergzwerg.

Und schon herbstete es wieder, die Tage wurden kürzer und kälter, und von neuem wurde er ins Zwergenschloss geladen. Diesmal freute er sich noch mehr als das erste Mal, besass er nun doch neue, schöne Kleider.

Als der Mond im Christmonat rund und voll war und die Eule dreimal gerufen hatte, zog er wieder mit den andern Zwergen hinauf zum Schloss. Alles spielte sich ab wie im vorigen Jahr: der Saal leuchtete im Schein der hundert Lämpchen, der König sass in seinem roten Mantel auf dem Thron, und pärchenweise paradierten die Gäste vor ihrem Herrscher und erwiesen ihm die Reverenz.

Und niemand konnte mehr über Bartlis Hosenbodenfensterchen lachen.

Diesmal war die Silberdistel seine Gefährtin, und wenn sie auch ganz hübsch aussah mit ihrem Silberkranz im Haar, so hatte Bartli dennoch keine besondere Freude an ihrer Gesellschaft. Die Glockenblume wäre ihm lieber gewesen.

Das feine Nachtessen und das Tanzvergnügen gingen nur zu schnell zu Ende. Wohl musste er keine alten Kleider mehr nach Hause tragen, dafür hatte er die Silberdistel ins Seblen zu begleiten, was ihm eigentlich gar nicht so recht passte.

Kaum sind sie auf dem Weg, beginnt seine Begleiterin auch schon zu jammern, sie könne nicht so schnell gehen, und überhaupt sei es so schön im Mondenschein, da sei es doch schade, wenn man sich zu sehr beeile. So plaudert sie drauflos, und bleibt zwischenhinein immer wieder stehen, so dass Bartli besorgt fragt:

«Ist es denn noch weit bis zu deinem Haus? Kommen wir nicht zu spät dort an?»

«Bald sind wir da, du kommst schon beizeiten in dein Häuschen zurück», plappert sie weiter, und lässt sich von Bartli ziehen und stossen.

Diesem kommt es aber schon seit geraumer Zeit vor, die Nacht sei nicht mehr so hell, und wie er zum Himmel aufschaut, sieht er, wie der Mond hinter dem Berg verschwindet.

Aufs mal herrscht tiefe Dunkelheit. Im selben Augenblick verspürt Bartli einen heftigen Schmerz an seinem Kinn. «Au, Silberdistel! Was tust du da?»

«Hihi», lacht es neben ihm, «der Mond ist untergegangen, mein guter Bartli, der Mond ist verschwunden. Du bist zu spät! Zu spät bist du, hihihi!» Und die Silberdistel fliegt mit seinem schönem Bart auf eine hohe Tanne und hängt ihn dort an einen Ast.

Beinahe wäre der Zwerg vor Schreck umgefallen. Ganz verstört setzt er sich auf einen Stein und betastet mit beiden Händen sein nacktes Kinn. Es ist unheimlich still, und er fühlt sich ganz allein. Nach einiger Zeit steht er auf und sucht in der Dunkelheit den Weg zu seinem Häuschen. Ganz niedergeschlagen schliesst er die Türe hinter sich.

Wie soll es nun mit ihm weitergehen? Ein Zwerg ohne Bart! Die ganze Nacht hindurch findet er keinen Schlaf. Wie der Morgen graut, hört er ein Klopfen am Fensterladen. Draussen steht der Balz.

«Soo soo, hast offenbar kein Glück gehabt! Armer Bartli, hat sie dich übertölpelt, die stachlige Jungfer? So musst du eben dein neues Gewändlein abgeben, deine alten Kleider wieder anziehen und mit mir kommen.»

Bartli weiss nicht, was er sagen soll. Traurig trottet er hinter Balz her über die Matt und den Berg hinauf bis zur Zwergenburg. Sein Blick schweift zu den Tannen hin, wo er etliche graue Bärte hängen sieht, Bärte von Zwergen, die auch nicht beizeiten in ihrem Häuschen zurück waren. Schleppenden Schrittes folgt er Balz in den dunklen Gang. In der Felsenhalle stehen sechs weitere Zwerge, alle ohne Bart und ganz bedrückt. Bartli wäre am liebsten in einem Mausloch verschwunden, aber dann grüsst er doch leise: «Grüezi mitenand!»

«Grüezi Bartli!» antwortet die kleine Schar.

«Macht doch nicht ein Gesicht, als ob die Welt untergehen würde!» schimpft Balz. «Es ist nun mal so, wie es ist. Ihr habt eben alle Pech gehabt; versucht nun, das Beste daraus zu machen!» Dann zeigt er auf jeden einzelnen und stellt sie vor: «Den Bartli kennt ihr bereits, und das ist der Thys *(Mathias)* und der Sys *(Esajas)*, der Mäss *(Thomas)*, der Mälgg *(Melchior)*, der Chäpp *(Kaspar)* und der Ham *(Abraham)*. Zieht jetzt eure alten Kleider an, danach komme ich euch holen.»

Bartli zwängt sich wieder in seine verbeulten Hosen mit dem Fensterchen und legt das grüne Gewand sorgfältig zusammen. Wehmütig streicht er noch einmal über die glänzenden Knöpfe.

Nun tritt der Zwergenkönig zu den Sieben. Er schaut seine Untertanen an, die sich alle fürchterlich schämen wegen ihres Kinns. Dann spricht er: «Ihr habt nicht gehorcht, deshalb habt ihr auch keine Bärte mehr und müsst nun hart arbeiten im Stollen unter der Zwergenburg. Pickeln und schaufeln müsst ihr, bis euer Bart wieder die richtige Länge hat. Je tiefer ihr gräbt, umso schönere Steine werdet ihr finden: Quarz und Glimmer, Bergkristall, und vielleicht gar Silber und Gold. Und auch ein wunderschöner Edelstein ist in der Tiefe der Erde versteckt, der leuchtet wie rotes Feuer. Wer weiss, vielleicht findet ihn einer von euch? Glückauf!» Mit diesem Bergmannsgruss verabschiedet sie der König.

Balz reicht jedem von ihnen ein Laternchen, dazu einen Pickel oder eine Schaufel und steigt ihnen voraus tief in die die Erde hinab.

Bartli wird elend zu Mute. Nun wird er lange nicht mehr frei sein und sich auf der Alp herumtreiben können. Wie wird er den blauen Himmel vermissen und die Sonne, wenn sie auf den Firnen glänzt! Doch er ist schliesslich ein tapferer Glarner Zwerg, und so sagt er sich: «Leicht werde ich's ja schon nicht haben, aber ich bin eigentlich selber schuld an meinem Unglück. Überhaupt bin ich nicht allein hier unten, und vielleicht wächst mein Bart ganz schnell nach. Eines jedoch weiss ich schon jetzt: *Ich* werde den roten Edelstein finden, und *ich* werde ihn dem König für seine Krone bringen, jawohl!»

Er streicht sich über das Kinn, und es ist ihm, als ob er bereits wackere Stoppeln spüre. So nimmt er denn sein Werkzeug zur Hand und macht sich den ganzen Tag an die Arbeit, so dass er abends fast umfällt vor Müdigkeit.

Unter der langen Treppe, die vom Zwergenschloss in die Erde hinabführt, befindet sich eine kleine Kammer. Dort legen sich die sieben Zwerge zur Ruhe.

Anderntags zündeten sie ihre Laternchen wieder an, nahmen von neuem ihr Werkzeug zur Hand und begannen, einer hinter dem andern, mit der Arbeit. Zwei schlugen mit den Pickeln den Fels ab, zwei schaufelten die Felsbrocken und den Schutt in einen Karren, und drei schoben und zogen diesen durch einen Tunnel bis zum Sortierplatz. Dort wurden alle glänzenden Steine und der glitzernde Quarz sorgfältig herausgesucht.

Manchmal fanden sie allerdings überhaupt nichts, trotzdem musste weiter gegraben werden.

Zur Mittagszeit erschien jeweils Balz, der das Essen in den Stollen brachte. Nebeneinander höckelten sie dann auf ein Bänklein und futterten tüchtig. Der Schein der Laternchen liess sie manchmal glauben, es seien Sonnenstrahlen, die bis zu ihnen heruntergedrungen seien.

«Du Bartli», fragt Mälgg, «wie gefällt es dir so unter der Erde?»

«Hm», macht Bartli, «jedenfalls ist es nicht kalt. Frieren musste ich hier noch nie.»

«Ja, ja, arbeiten soll gesund sein», spöttelt Mäss, «und überhaupt, mir war's noch nie langweilig hier. Soll ich euch was zeigen?» Er wühlt in seinem Hosensack und klaubt dann einen gelblich schimmernden Stein hervor.

«Du», ruft Chäpp, «das ist ja Gold!»

«Glaubst du, es sei wirklich Gold?» zweifelt Mäss.

«Jedenfalls sieht es danach aus, da wird es wohl auch Gold sein. Wo hast du es gefunden?»

«Gleich vorhin beim Steine herunterschlagen.»

«Also los, Kameraden, wir wollen schnell wieder an die Arbeit, vielleicht finden wir noch mehr davon.»

Mit den Laternchen leuchten die Zwerge den Boden ab. Aber nirgends glänzt es. Bartli steht hinter den andern, und statt sein Laternchen auf den Boden zu richten, hält er es in die Höhe, dorthin, wo Chäpp die Steine heruntergeschlagen hat.

«Schaut mal, was ist das da oben?» fragt er.

Nun halten auch die andern sechs Zwerge ihre Laternchen hoch, und im Schein der sieben Kerzen glänzt oben in der Wand ein goldgelbes Band, das sich durch den schwarzen Fels zieht.

«Potzblitz!» schnauft der Ham, «das sieht aus, wie wenn die Dotterblumen im Frühling aus der schwarzen Erde hervorwachsen.»

«Vielleicht ist es nur Farbe?» Es ist wieder der Mäss, der ihre Hoffnung dämpft.

Bartli kratzt mit einem Stein am Fels.

«Es lässt sich nicht entfernen. Ich glaube auch, dass es eine Goldader ist.»

«Was sagst du, eine Goldader?»

«Ich meine ja. Aber erst muss man richtig an sie herankommen.»

«Geht mal weg!» befiehlt Bartli. Weit schwingt er den Pickel und schlägt ihn einigemale kräftig in den Felsen, bis der Stein sich löst.

«Zur Seite, zur Seite!» Alle springen zurück, und ein grosser, goldgeränderter Felsbrocken fällt herab. Da liegt er nun, und jetzt kann man auch sehen, dass sich das glänzende Band um den ganzen Stein windet.

Die sieben Zwerge umstehen ihn staunend.

«Soso», erholt sich der Mäss als Erster, «haben wir dich nun heruntergeholt, du Goldschatz! Und was sollen wir jetzt mit dir machen?»

«Wir warten, bis der Balz uns am Abend holen kommt», schlägt Thys vor, «der weiss dann schon, wie man den Stein fachmännisch bearbeiten muss, um das Gold zu gewinnen.»

Die sieben kleinen Knappen hatten eigentlich gar keine grosse Lust mehr, weiter zu graben, aber schliesslich machten sie sich doch wieder an die Arbeit. Doch konnten sie die Ankunft von Balz kaum erwarten, um ihm den kostbaren Fund zu zeigen.

Endlich taucht dieser auf.

«Komm schnell, Balz! ... Sieh mal! ... Pressier doch! ... Wir haben Gold gefunden!» So tönt es durcheinander.

Balz untersucht den Stein und bestätigt: «Tatsächlich, pures Gold! Wir schaffen den ganzen Steinbrocken nach oben, ihr sollt ihn also nicht zertrümmern. Nun lasst für heute die Arbeit ruhen, ihr habt es verdient.»

Abends, wie Bartli auf dem Laubsack in der Kammer unter der Treppe liegt, sieht er immer noch den grossen, schwarzen Stein mit dem goldenen Band vor sich, und er findet, dass die Arbeit unter Tag eigentlich ganz interessant sei. Und wo Gold zu finden sei, da müssten sicher auch Edelsteine vorkommen.

Nun erinnert er sich wieder des roten Steins, von dem der König gesprochen hatte am Tag, da sie bartlos vor ihm gestanden hatten, vom Stein, der wie ein Feuer leuchtet. Diesen will er unbedingt finden. Aber wo? Und wie?

Dann schläft er ein. Im Traum sieht er den roten Stein auf einem Moosbett inmitten eines Blumenfeldes liegen und er hört ihn leise rufen: «Komm Bartli, komm und hole mich!»

Tag für Tag stiegen die sieben Zwerge die vielen Stufen hinab, wo sie wacker arbeiteten. Sie hoben aber keine besondern Schätze mehr, höchsten Steinchen mit kleinen Quarzsplittern oder solche mit mattem Glimmerplättchen, obwohl sie harte Arbeit leisteten im engen und dunklen Stollen. Oft seufzten sie dabei und fragten sich manchmal beim Ausruhen, ob es wohl bereits Frühling sei oder ob gar die Kühe schon zu Alp gefahren seien.

«Oh, wenn ich nur wieder einmal den Tödi sehen könnte, wenn der Mondschein über den Gletscher fliesst oder wenn er im Sonnenglanz leuchtet!» wünschte sich Bartli. Er befühlte sein Kinn, spürte, dass der Bart länger wurde und freute sich: «Er wächst, er wächst!»

Allmählich dünkte es die Zwerge, sie seien schon eine ganze Ewigkeit in der Erde. Alle waren der Meinung, es sollte nun endlich etwas Besonderes geschehen, doch fand sich kein Gold mehr, lediglich Schutt brachen sie von der Stollenwand. Immer und immer wieder füllten sie den Karren, fuhren ihn zum Sortierplatz, zogen ihn zurück um ihn von neuem zu füllen, zu leeren, zu füllen, zu leeren ... Schlechte Laune überkam sie.

Als zur Mittagszeit Balz mit Brot und Käse anrückt und sie nebeneinander auf ihrem Bänklein sitzen, klagt der Thys:

«Mein Rücken beginnt zu schmerzen!»

«Und vor lauter schaufeln fallen mir die Arme fast ab!»

«Und ich habe böse Schwielen an den Händen!»

«Und mir ist ein Stein auf die Zehen gefallen!»

So heben sie alle zu jammern an, ausser Bartli, der vorerst gar nichts sagt. Wie er aber die unzufriedenen und traurigen Gesichter seiner Kameraden sieht, unterbricht er deren Wehklagen:

«Guckt doch einander mal an und schaut, was für lange Gesichter ihr macht! Seht ihr denn nicht, welch schöne kleine Bärte wir bereits haben? Bestimmt sind sie schon so lang wie meine Nase!»

«Meinetwegen», brummt der Mäss, «aber trotzdem muss ich immer noch in der Erde graben wie ein Maulwurf. Und überhaupt, ich mag nicht mehr!»

«Ich mag auch nicht mehr!»
«Ich auch nicht, es ist mir verleidet wie kaltes Kraut!»
«Und mir auch!»

Allesamt sind sie in gereizter Stimmung. Deshalb muntert Bartli sie auf: «Hört doch auf zu jammern, das bringt ja doch nichts, und alles wird nur noch schlimmer. Lasst uns lieber zusammen jodeln!»

Und er schwingt sich auf die Bank wie damals am Fest in der Zwergenburg, fängt an zu singen und schlägt mit dem Fuss den Takt dazu. «Jetz wämmer eis jöödele, jöödele, jöödele, jetz wämmer eis jöödele, lu-uschtig sii!»

Da stimmen alle mit ein, klatschen in die Hände, jodeln dazu und tanzen herum, bis sie kaum mehr zu Atem kommen. Aber Bartli hört nicht auf, gleich beginnt er ein neues Lied:

«Lustig ist das Zwergenleben,
wir schaufeln und pickeln nicht vergeben,
denn jeden einzelnen Zwergenmann
leuchten goldene Steine an!»

«Bravo, bravo!» jubeln alle und lachen. «Also morgen wollen wir goldene Steine finden, hast du gehört, Bartli? Sonst reissen wir dir dein Bärtchen gleich wieder aus!»

«Das könnt ihr ja noch nicht einmal fassen», lacht er und verzieht sein Gesicht zu einer lustigen Grimasse. Alle sind sie nun ganz ausgelassen und die schlechte Laune ist wie weggeblasen.

Am folgenden Morgen ging Bartli allein tiefer in den Stollen hinein, um dort die Wände zu bearbeiten. Der Fels war an dieser Stelle weniger hart. Auch fand er, es sei hier nicht so stockdunkel, sondern ein blauer Lichtschimmer dringe von oben herein. Eben schaufelt er eine Ladung Steine in seinen Karren, da sieht er ein buntes Schlänglein am Boden liegen. Es zittert von der Zungen- bis zur Schwanzspitze, und seine kleinen Augen sind angstvoll auf Bartli gerichtet.

«Ja was machst denn du so tief in der Erde unten?» staunt er.

«Ich wohne doch dort oben im Nestchen in der Felswand. Jetzt bin ich mit all den Steinen herabgefallen, die du losgebrochen hast!»

«Oh, das tut mir aber leid! Hast du dich verletzt?»

«Ja, mein Schwanz liegt unter dem Schutthaufen, und ich kann ihn nicht befreien.»

Bartli räumt sorgsam Stein um Stein zur Seite, und das Schlänglein will sich schnell am Felsen hinaufwinden. Doch das geht nicht mehr so einfach wie vorher, weil so viele Steine heruntergefallen sind. So nimmt er das verwirrte Tierchen sorgfältig in die Hände und hebt es in eine Felsnische.

«Juhui!» ruft es, «da bin ich ja genau vor meiner Wohnung!» und schnell gleitet es aus Bartlis Hand. Aber dann hält es plötzlich inne und fragt:

«Bist du etwa ein Alpzwerg?»

«Ja, das bin ich.»

«Du hast aber einen kurzen Bart!»

«Weil mir ihn jemand ausgerissen hat. Deshalb bin ich auch hier unten, schaufle und pickle und suche nach Gold und Glitzersteinen, bis er wieder nachgewachsen ist.»

«Wie heisst du denn?»

«Eben, Bartli! Wie denn sonst?»

Jetzt lacht das Schlänglein und sagt: «Bartli, ich danke dir, dass du mir geholfen hast, mein Nestchen wieder zu erreichen. Du bist ein Guter und gefällst mir auch ohne langen Bart».

Bartli kehrt darauf zu den andern Zwergen zurück, glücklich, dass er jemandem hatte helfen können.

Die Tage folgten sich, und die Arbeit blieb stets die gleiche: Pickeln, graben, schaufeln, laden, sortieren ...

Trotz aller Bemühungen war aber nichts mehr zu finden, rein nichts.

«Weshalb rackern wir uns eigentlich Tag für Tag so ab?» schimpft Ham, «von mir aus können die Steine dort bleiben, wo sie sind. Ich jedenfalls mache jetzt Feierabend.»

«Ich auch», pflichtet ihm Sys bei, und sein Freund Thys erklärt, auch er habe schon lange die Nase voll von der Schufterei im Berg.

«Und ich setz mich jetzt einfach hin und rühre keinen Finger mehr!» ruft der Mälgg, während Chäpp sein Werkzeug wegwirft und erklärt, in diesem Fall lege auch er sich hin.

Bartli schaut seine Kameraden der Reihe nach an, so dass sie etwas verunsichert fragen: «Was schaust du uns so an? Bist du etwa mit uns nicht einverstanden?»

«Nein, ganz und gar nicht! Es ist nämlich noch nicht Abend, also setz' oder leg' ich mich auch nicht einfach hin».

Er packt seinen Pickel mit beiden Händen und schlägt ihn mit aller Kraft in den Fels, so dass eine Steinlawine herabprasselt.

Mäss steht wieder auf. «Dann muss ich dir ja wohl helfen», und er beginnt, den Schutt in den Karren zu schaufeln. Dabei fällt sein Blick auf die Stollenwand.

«Schaut mal her, hier ist ja ein Türchen!» ruft er ganz aufgeregt.

Alle springen auf und staunen.

«Tatsächlich, eine Pforte!»

Die Zwerge legen sie ganz frei. Ein Riegel kommt zum Vorschein. Chäpp macht sich daran zu schaffen und versucht die Türe aufzustossen. Es knarrt, ächzt – aufs mal gibt sie nach und frische Waldluft strömt herein!

Die Sieben stehen ganz verdutzt da. Ein Ausweg hat sich aufgetan, eine Türe, durch die man einfach hinaus spazieren kann, in den Wald, in die Freiheit!

«Juhui!» jauchzen Thys und Sys, «jetzt hat die Schufterei ein Ende!»

Bartli steht mit den andern in der offenen Türe. «Wie gut die Tannen duften», freut er sich, und blickt zum hellen Himmel empor. Der Tödifirn leuchtet.

«Lebt wohl und bleibt gesund!» rufen This und Sys. Mit einem Satz springen sie über die Schwelle und sind gleich darauf im Wald verschwunden.

«Wollen wir nicht auch abhauen?» fragen die andern.

Bartli schüttelt den Kopf. «Ich jedenfalls nicht. Aber jeder soll tun, was er für richtig findet. Nur manchmal ist's gar nicht so gut, wenn man trotzdem tut, was man nicht tun sollte.»

Er weicht von der Türe zurück und setzt sich aufs Bänklein. Die andern vier Kameraden blicken noch einmal in den Wald hinaus, dann kommen auch sie herein. Mäss gibt der Türe einen Stoss mit dem Schuh, so dass sie geräuschvoll ins Schloss fällt.

Gleich darauf erscheint Balz mit der Suppe. Er wundert sich: «Jaa, seid ihr nur noch fünf?»

Sein Blick fällt auf die Türe in der Felswand. Er schmunzelt nur, sagt aber nichts. Wie die Mahlzeit beendet ist, wird an die Türe gepocht. Balz öffnet. Draussen stehen der Thys und der Sys.

«Soo, habt ihr einen schönen Spaziergang gemacht?» fragt Balz.

«Nein, schön war der wirklich nicht. Erst wollten wir eigentlich gar nicht mehr zurückkehren, aber eben, da hat die Eule so bös 'uhuhuhuuu' gerufen, und es ist unheimlich dunkel geworden. So haben wir es vorgezogen, wieder zu euch zu kommen.»

Die beiden erzählen kein Wort von der Angst, die sie im Dunkelwald ausgestanden haben, und wie ihnen ein Untier mit glühenden Augen gefolgt war. Sie sind froh, wieder bei den Kameraden zu sein, dass die Türe geschlossen ist und kein Ungeheuer hereinkommen kann.

Anderntags stand Bartli früher als die andern von seinem Laubsack auf. Er wollte unbedingt an der Stelle weitergraben, wo er gestern ein blaues Licht hatte schimmern sehen. Allein ging er mit seinem Laternchen den

langen Stollen entlang. Wie er sich seinem Ziel näherte, begrüsste ihn das Schlänglein, das er gestern unter dem Schutt hervorgeholt hatte.

«Guten Tag, Bartli. Bist aber früh unterwegs.»

«Weiss du, etwas lässt mir einfach keine Ruhe. Ich suche nämlich einen roten Stein, der wie ein Feuer leuchtet. Wo könnte man den nur finden?»

«Ich will dir gerne helfen dabei. Versuch doch mal, dich durch diese Felsspalte zu zwängen.»

«Aber das geht doch nicht, ich bin ja viel zu dick.»

«Versuch es, Bartli, versuch's! Und wenn du es geschafft hast, so suche meine Freundin, die Feuerlilie. Vielleicht hilft sie dir weiter.»

Und schon ist das Schlänglein weg.

Der Zwerg schiebt erst den einen Arm, dann die Schulter in den Felsspalt, und schliesslich zwängt er sich ganz hinein.

Mühsam quetscht er sich voran.

Dann wird es auf's mal hell. Er stolpert und fällt kopfüber in weiches Moos. Wie er aufsteht, findet er sich in einem Wald am Ufer eines klaren Sees. Doch kein blauer Himmel wölbt sich über ihm, und keine Sonne bricht durch das dichte Blätterdach. Nur das Wasser schimmert blau.

Bartli betrachtet staunend den See. Da sieht er, wie eine grosse Feuerlilie mit ihren Blättern auf ihn zuschwimmt. Es dünkt ihn, er habe noch nie etwas so Schönes gesehen – ein rotes Licht auf blauem Samt. Er beugt sich zu ihr hinunter: «Ich komme soeben von deiner Freundin, dem Schlänglein. Sie sagt, dass du mir bei der Suche nach dem roten Stein weiterhelfen kannst.»

Die Blume nickt leicht, dabei ertönt eine feine Glocke.

Gleich darauf kommt ein rotes Spinnlein daher, dem die Feuerlilie etwas ins Ohr flüstert. Darauf sagt sie: «Geh' mit dem Spinnlein, Bartli, und halte dich ganz fest am Spinnfaden.»

Bartli ergreift den silberglänzenden Faden und folgt dem Tierchen, das flink durchs Moos krabbelt, über Stock und Stein, hinauf und hinunter. Er lässt den Faden keinen Augenblick fahren. Aber müde wird er vom vielen Gehen, er muss sich setzen, ausruhen. Nur für eine kleine Weile, denkt er. Doch die Augen fallen ihm zu – er schläft ein . . .

Als er endlich wieder erwacht, ist der blaue Schimmer verschwunden. Verschwunden auch der See, der Wald, und ebenso das Spinnlein samt dem Faden. Alles ist grau um ihn. Was soll er nur machen? Wie kommt er zurück? Wo ist er überhaupt?

Da bemerkt der Zwerg ein Männchen, das sich ihm nähert und das noch viel kleiner ist als er selbst.

Es begrüsst ihn: «Guten Tag, Bartli.»

«Ja, wer bist du denn? Wieso kennst du mich? Du bist ja gar kein richtiger Zwerg!»

«Ich bin ein Gnom, mein Name ist Rubi. Ich bin der Wächter dieser Gegend und wusste, dass du kommen würdest. Begleitest du mich ein paar Schritte?»

Miteinander gehen sie um ein Felsstück herum. Plötzlich ist Rubi spurlos verschwunden und Bartli steht ganz allein mitten in einer Wiese voller Alpenblumen. Eine besonders grosse Feuerlilie fällt ihm auf. Er nähert sich ihr vorsichtig und auf den Zehenspitzen. Da sieht er auf grünem Moos, als wärs ein weiches Bettchen, halb verborgen durch die Feuerlilie . . . einen grossen, wunderschönen Stein, der leuchtet wie Feuer!

Bartli steht bockstill. «Ob ich wohl träume?» Er kneift sich in die Wange, zupft sich am Ohr, reisst an seinem Bärtchen. Aber er träumt wirklich nicht, der Feuerstein ruht immer noch auf seinem Moosbett unter der grossen Feuerlilie.

«Vielleicht verschwindet er, wenn ich mich nähere», befürchtet er, und bewegt sich vorsichtig auf das Kleinod zu. Behutsam biegt er die Blume etwas zur Seite und berührt mit dem Zeigefinger leicht den Stein. Aber der verschwindet nicht. Bartli muss tief atmen. «Ich bin also doch wach, ich träume wirklich nicht!»

So nimmt er seinen ganzen Mut zusammen und birgt das Kleinod. Da ruht es nun in seiner Hand, rot und warm und leuchtend. Diesen Stein hatte er ja immer finden wollen, und jetzt kann er ihn endlich dem König für seine Krone bringen.

Langsam geht er zurück. Die enge Felsspalte, durch die er an den See gestolpert ist, befindet sich ganz in der Nähe. Diesmal gleitet er mühelos hindurch.

Es muss inzwischen Abend geworden zu sein, denn seine sechs Kameraden arbeiten schon nicht mehr im Stollen. So macht er sich auf den Weg in die gemeinsame Kammer. Wie er dort eintritt, ist Balz gerade im Begriff, Brot und Käse zu verteilen.

«Soso, zum Essen kommt er, aber gearbeitet hat er nicht!» wird er durch Chäpp vorwurfsvoll begrüsst, und Mäss erkundigt sich:

«Wo warst du nur? Ausgerechnet heute bist du nicht da, wo wir doch einen mächtigen Quarzstein gefunden haben, ein gewaltiger Brocken, wir mochten ihn kaum zu schleppen. Dazu ein ganzer Haufen glänzender Steine. Es hat solche dabei, die aussehen, als hätten sie im Rauchfang gehangen, so braun sind sie.»

«Richtig», stimmt Mälgg zu, «aber auch ganz reine Bergkristalle haben wir gefunden.»

«Und erst noch eine Handvoll Silbergestein!» ruft Ham. «Schade, dass du nicht da gewesen bist, heute ist unser Glückstag.»

Alle reden sie durcheinander, bis Bartli der Kopf brummt. Als sie endlich fertig sind, sagt er: «Ja, heute ist wirklich ein Glückstag!» und er öffnet seine Hand.

Wie auf ein Zeichen hin erlöschen alle Laternchen, und die kleine Kammer ist in rotes Licht getaucht – der Stein leuchtet wie Feuer. Alle stehen auf, schauen, staunen.

Als erster findet Balz die Sprache wieder. «Das ist ja der Wunderstein, nach dem wir schon so lange suchen! Bartli, Bartli, was wird wohl der König dazu sagen?»

Und nun rufen alle durcheinander: «Balz, geh schnell zum König und frag ihn, ob wir hinaufkommen dürfen. Beeil dich, wir warten ganz ungeduldig auf deine Antwort! ... Bartli, wo hast du den Stein gefunden? ... Los, Kameraden, bürstet eure Hosen, damit wir einen guten Eindruck vor dem König machen ... Wo ist mein Kamm, ich habe nichts als Sand in meinem Bärtchen ... Und ich muss mich waschen, an meinen Händen klebt noch Erde ... Steh mir nicht im Weg, wenn ich meine Schuhe putze ... Wo ist ... ? Wer hat ... ? Ich muss noch ... »

Schon bald kommt Balz zurück. «Ihr seid ja schön aufgeregt, das geht ja zu wie bei einem Bienenschwarm!» lacht er. «Also, der König erwartet euch alle. Ich habe drei Krättchen mitgebracht, das erste für die Glimmersteine, das zweite für die Silbersteine und das dritte für die Kristalle. Thys, Sys und Ham werden diese Krättchen umhängen. Dann habe ich hier auch noch eine Zeine, die tragen der Mäss und der Mälgg, da hinein legen wir den mächtigen Quarz. Der kräftige Chäpp trägt mit blossen Händen den Felsbrocken mit der Goldader. Zuvorderst geht Bartli, der weist euch mit dem Feuerstein den Weg.»

Bartli streicht langsam über seinen Bart. Sein Gesicht strahlt, aber sagen kann er nichts. Er hält den roten Stein mit beiden Händen in die Höhe, und langsam steigen sie einer hinter dem andern die Stufen empor zur Zwergenburg. Im Vorzimmer verschnaufen sie, keiner spricht ein Wort.

Nun öffnet sich das Tor. Da ist er wieder, der grosse Saal mit dem weichen Moosteppich, mit den glitzernden Glimmerwänden und den hundert Laternchen. Genau so, wie ihn Bartli schon zweimal am grossen Fest gesehen hatte. In den roten Mantel gehüllt, die Krone auf dem Kopf, sitzt der König auf seinem Thron.

Einer hinter dem andern setzen sich die sieben Zwerge in Bewegung. Bartli geht an der Spitze des kleinen Zuges, und wie er den Saal betritt, wird dieser durch den Feuerstein in rosiges Licht getaucht und alle Laternchen an den Wänden erlöschen.

Bartlis Herz möchte zerspringen vor Freude, alles ist so feierlich. Dass *er* den Stein gefunden hat, dass *er* es ist, der dem König dieses Geschenk bringen kann! Dass aus der dunklen Erde, wo er so oft Heimweh nach der Alp und nach der Sonne verspürte, dieses wunderbare Licht hervorbrach ...

Der König erhebt sich. «Seid gegrüsst, ihr sieben Braven, und habt Dank für diese schönen Steine! Eure harte Zeit ist nun vorbei, ihr seid von neuem richtige Zwerge, und mit euren schönen Bärten könnt ihr euch wieder sehen lassen. Wohl habt ihr von der groben Arbeit Schwielen an den Händen bekommen, doch ihr habt zuverlässig und treu gedient und dabei gelernt, worauf es im Leben ankommt. Jetzt seid ihr wieder frei und könnt gehen, wohin immer es euch zieht: auf Bräch, zum Oberstafel hinauf, auf die Orenplatte oder den Rotberg. Und am kürzesten Tag seid ihr wieder zum grossen Fest bei mir in der Zwergenburg geladen. Bis dahin lebt wohl!»

Kaum hat der König seine Ansprache beendet, stieben der Thys und der Sys, der Mälgg, der Ham, der Mäss und der Chäpp wie ein Wirbelwind hinaus an die Sonne, hinaus in den grünen Wald. Nur Bartli bleibt auf einen Wink des Königs noch stehen. Dieser sagt anerkennend: «Dein Bart steht dir wirklich gut. Schau, dass du ihn nie wieder verlierst!»

«Was folgt wohl noch?» argwöhnt Bartli. Viel lieber wäre er doch den andern an die Sonne gefolgt, auf seine Alp und in sein Häuschen zurückgekehrt!

«Setz dich», fordert ihn der König auf, dann lässt er sich neben Bartli auf einer Steinbank nieder. «Ich habe mit dir zu reden. Du gefällst mir nämlich, denn du warst den andern ein gutes Vorbild. Du tatest deine Pflicht ohne zu murren. Nun bin ich es, der deine Hilfe benötigt. Nun habe ich für dich einen Auftrag, den nur du erfüllen kannst. Vorerst darfst du aber heimgehen, zurück auf deine Alp. Dort ruh' dich schön aus, denn du wirst deine Kräfte gebrauchen können.»

Der König hält den roten Stein empor. «Weisst du, der Stein, den du geborgen hast, den gibt's nur ein einziges mal. Es ist kein toter Stein, er lebt. Schau, wie er das Licht sammelt und es dann wie Feuer wieder versprüht! Spürst du, wie gut dir seine Strahlen tun? Aber darüber werden wir uns später noch unterhalten. Geh jetzt in dein Häuschen, Balz wird dich benachrichtigen, sobald es Zeit ist. Halte dich also bereit zur Erfüllung deines Auftrags. Auf Wiedersehen!»

Glücklich springt Bartli hinaus. Endlich ist er wieder ganz frei! Die Sonne blendet ihn; er muss sich erst wieder an das helle Licht gewöhnen.

Schnell sucht er sein Häuschen auf. Er versucht die Türe zu öffnen, rüttelt daran und stemmt sich dagegen. Ab er es hilft nichts, sie bewegt sich nicht. «Heda!» ruft er, «ist jemand da drinnen?»

Doch alles bleibt still. Jetzt poltert er mit den Fäusten an die Tür. «Aufmachen!»

Keine Antwort.

Nur ein Goldkäfer hastet über die braune Holzwand, bleibt dann aber stehen und staunt: «Schau, der Bartli! Dich hab' ich aber lange nicht mehr gesehen!»

«Guten Tag, Goldkäferchen. Sag mal, was ist denn los mit dieser Türe?»

«Ich nehme an, sie ist geschlossen», lacht der Käfer.

«Was du nicht sagst! Und weshalb ist sie geschlossen? Ich will hinein, das ist nämlich mein Haus.»

Jetzt sieht er wie sich die Türe leise bewegt. Durch einen Spalt lässt sich ein schüchternes Stimmchen vernehmen: «*Ich* bin da.»

«So, *du* bist da! Und wer bist du denn?»

Bartli öffnet nun die Türe weit und tritt in sein altes Stübchen. Der alte Laubsack liegt immer noch am Boden. In einer Ecke sitzt mit erschrockenen Augen ein Eichhörnchen. Es nimmt seinen dicken Schwanz zwischen die Pfötchen und versucht sich dahinter zu verbergen.

«Ja sag mal», fragt Bartli, «wie bist du denn da hineingekommen?»

«Es hat halt ein Loch im Dach, und als ich während eines Gewitters ein trockenes Plätzchen suchte, bin ich dort hineingekrochen. Ich fand das Häuschen dann immer gemütlicher, und so bin ich schliesslich hier geblieben. Doch nun will ich es wieder dir überlassen und gleich das Feld räumen. Sei mir bitte nicht bös!»

Mit grossen, glänzenden Augen schaut ihn das Eichhörnchen furchtsam an. Es überlegt, ob es sich nicht mit einem grossen Satz zum Dach hinaus in Sicherheit bringen sollte, noch ehe Bartli Zeit zum Schimpfen findet.

Doch dieser lacht fröhlich: «Das geht doch in Ordnung. Ich bin dir sogar dankbar, dass du während meiner langen Abwesenheit mein Heimetli bewacht hast. Bleib doch gleich bei mir, dann bin ich nicht so allein. Wie heisst du denn?»

«Ich bin der Gumpi. Und du bist wirklich ein Lieber! Komm, ich will dir was Gutes zeigen!»

Bartli staunt nicht wenig, als er in einem Winkel seiner Kammer einen grossen Haufen Tannzapfen voller Sämchen sieht.

Sie setzen sich miteinander auf den Boden, und bald kauen die beiden mit vollen Backen. Ein hochbeiniger Zimmermann *(Weberknecht)* schaut ihnen dabei zu, rümpft die Nase und sagt: «Das würde mir aber gar nicht schmecken, dieses trockene Zeugs. Da habe ich lieber eine saftige Fliege!» und stelzt davon.

Bartli öffnet die Fensterläden, damit die Sonnenstrahlen hereinfliessen können. Dann schleppt er den Laubsack vor die Haustüre und nimmt sich vor, ihn bald mit frischem Laub zu füllen.

«Also Gumpeli, so lass uns zusammen haushalten. Zuerst wollen wir mal das Loch im Dach flicken. Danach habe ich sonst noch allerhand zu erledigen.»

Nach getaner Arbeit zieht er ganz vergnügt los, sucht die ihm vertrauten Plätzchen auf, begrüsst alte Bekannte und lernt neue kennen, war er doch sieben lange Jahre weggewesen.

Am Brummbach hält er Rast. Das Wasser sprudelt über die Steine und die Luft ist herrlich rein. Das ist kein Staubschlucken mehr wie drinnen im Berg! Mit der hohlen Hand schöpft er vom eiskalten Wasser, trinkt ein paar Züge und fährt sich über das heisse Gesicht.

Die Sonne schickt sich bereits an, golden zu versinken, doch munter steigt Bartli weiter und steht bald darauf vor Kräuter-Tydis Häuschen. Er klopft, und wird gleich darauf freudig begrüsst:

«Ja schau, der Bartli! Ich glaubte schon, du seiest für immer von der Alp weggezogen. Dann aber habe ich von deinem Missgeschick gehört. Jaja, so geht es eben, wenn man in der Nacht mit so durchtriebenen Mädelchen spazieren geht und zu spät heimkehrt! Doch jetzt bist du ja wieder da und siehst erst noch aus wie ein Zwergenjüngling. Hast du einen neuen Bart?»

«Wie recht du hast, Tydi, mit den durchtriebenen Mädelchen! Ich hätte mir vor lauter Ärger fast selber auch noch alle Haare ausgerissen. Doch nun ist meine Strafe getilgt. Mein Bart ist nachgewachsen – du weisst ja schon. Schau, ich hab' dir etwas mitgebracht.»

Er klaubt aus seinem Hosensack einen runden, blauen Stein und reicht ihn dem Tydi.

«Gefällt er dir? Du kannst ihn behalten.»

«Danke vielmals, er sieht aus wie eine Heidelbeere. Und wie er glänzt! Ich selber habe noch nie so etwas Schönes gefunden.»

«Die wachsen eben nicht im Gras wie die Kräuter», lacht Bartli.

Sie plaudern noch ein Weilchen miteinander, bis langsam die Dämmerung aus dem Tal emporkriecht. Dann bricht Bartli auf, kehrt zu Gumpi zurück und schläft bald auf seinem Laubsack ein.

Wie ehedem schlendert Bartli nun wieder über die Alp, hütet das Vieh und führt verstiegene Kälbchen zur Herde zurück. Doch diese Arbeit gefällt ihm nicht mehr so gut wie früher. Es drängt ihn, die grosse und wichtige Aufgabe in Angriff zu nehmen, von der der König gesprochen hat. Deshalb steigt er zur Zwergenburg hinauf, nur wenige Tage, nachdem er seine Freiheit wieder gewonnen hat. Balz heisst ihn willkommen und fragt verschmitzt:

«Hast vielleicht Heimweh nach dem Stollen?»

«Ja, gell, das könnte man beinahe meinen», antwortet Bartli. «Es war eigentlich ganz schön, zusammen mit den andern Kameraden zu arbeiten und sich gemeinsam an einem besonders schönen Fund zu freuen. Aber jetzt möchte ich meine Aufgabe anpacken und des Königs Auftrag erfüllen.»

«So nimm Platz, der König wird gleich kommen.»

Dieser tritt ein, setzt sich neben Bartli, schaut ihm tief in die Augen und hebt an: «Ich vertraue dir also einen wichtigen Auftrag an, den nicht jeder Zwerg erfüllen kann. Du aber schaffst es, das weiss ich.»

Bartli ist es wieder nicht mehr so wohl in seiner Haut. Was soll diese geheimnisvolle Rede bedeuten? Wird er von neuem in den Berg geschickt? Muss er weiterschaufeln? Doch der König holt den roten Stein aus seiner Manteltasche, und wieder taucht dieser den Saal in rötliches Licht. Lange dreht der König das Kleinod in seiner Hand.

«Du hast diesen Feuerstein aus der dunklen Erde ans Tageslicht geholt. Ich wollte ihn nun in meine Krone einsetzen, doch es gelingt mir einfach nicht. Es ist eben ein Wunderstein. Ich kenne aber einen weisen Zwerg, der wohnt seit vielen hundert Jahren auf der Guppenalp unter dem Glärnisch. Ihn sollst du aufsuchen und um seinen Rat bitten.»

Bartli sieht den König fassungslos an. Bald wäre er lieber wieder im Stollen beim Graben. Was soll er auf dieser Guppenalp? Er weiss ja nicht einmal, wo die ist!

«Ach, lieber Herr König, bitte verschon mich von dieser ehrenvollen Aufgabe. Ich gehöre doch auf *meine* Alp und nicht auf die Guppenalp, dort bin ich nicht zu Hause.»

Davon will der König aber nichts wissen. «Weisst du, man kann eben nicht immer, wie man gerne möchte.»

«Ich kenne ja nicht einmal den Weg, ich war noch nie dort oben. Wenn ich nun falle und mir ein Bein oder sonst was breche?»

«Du musst halt auf den Weg achten und sorgsam einen Fuss vor den andern setzen.»

Jetzt begreift Bartli, dass es der König ernst meint, denn dieser schaut ihn auch gar durchdringend an.

«Gut, so will ich denn tun, was getan werden muss», stimmt er seufzend zu und greift in seinen Bart, als ob er sich daran festhalten müsste.

«Ich habe auch nichts anderes von dir erwartet. Das Beste ist wohl, du machst dich gleich morgen auf den Weg.»

Mit einemmal fühlt sich Bartli nicht mehr so elend. Er ist sogar stolz darauf, dass der König ausgerechnet ihn ausersehen und ihm sein Vertrauen geschenkt hat. Er stellt sich vor den König. Kerzengerade und mit fester Stimme sagt er:

«Ich bin jetzt schon bereit, Herr König. Soll ich gleich aufbrechen?»

Der aber lacht: «Nein, es genügt, wenn du dich erst morgen auf den Weg machst. Du bringst also den roten Stein dem uralten Zwerg auf der Guppenalp und fragst ihn, was damit geschehen soll. Nur dieser Weise kann das genau sagen. Und was er bestimmt, muss dann auch getan werden. Sobald er dir also seinen Rat gegeben hat, kehrst du geradewegs zu mir zurück.»

Anderntags findet sich Bartli frühzeitig in der Zwergenburg ein, um sich zu verabschieden. «Mach's gut, Bartli», wünscht ihm der König, und knüpft ihm ein Säcklein um den Hals. Unter dem Wams spürt er den warmen Stein auf seiner Brust. Er findet keine Worte. Stumm blickt er den König an, umfasst die ihm gereichte Hand und geht hinaus.

Balz hat ihm als Wegzehrung einen kleinen Rucksack mit allerlei Leckerbissen gefüllt: Tannzapfensamen, Pilze, Beeren, ein Honigbrot, und was dergleichen Herrlichkeiten noch mehr sind. Den hängt er sich um und nimmt den Weg zur Guppenalp unter die Füsse. Zu sich selber sagt Bartli: «Es ist, wie es ist. Man muss tun, was man tun soll, und so oder so ist es immer noch schöner, *auf* dem Berg als *im* Berg.»

Noch einmal schaut er zur Burg und zum Ortstock zurück, dann überquert er beim Blattenhöreli den Blattenbach, klettert zum Rotberg hinauf und erreicht bald dar-

auf den Seblengrat. Jetzt gefällt es ihm! Die Sonne lässt den Bergkranz aufleuchten, während drunten das Tal noch im Schatten liegt. Wie eine Gemse läuft Bartli den schmalen Pfad des Bergkammes entlang und steigt dann hinunter ins Bächital.

Balz hatte ihm erklärt, die Guppenalp sei hinter dem Oberblegisee, und schon sieht er ihn zu seinen Füssen sich spiegeln, eingebettet in hohe Felswände. Bartli setzt sich ans Ufer, isst das Honigbrot und guckt ins blaue Wasser. Da hört er ein feines Stimmchen:

«Gibst du mir auch ein wenig zu essen?»

«Ja wer will denn da von meinem Brot?»

«Ich!»

«Aber ich seh' dich gar nicht.»

«Hast wohl einen grossen Bart, dafür keine Augen!» kichert es neben ihm, und nun entdeckt er auf einem sonnenbeschienenen Stein eine kleine, schillernde Eidechse mit einem langen Schwanz.

«Komm, bedien' dich!» lädt Bartli das Tierchen ein.

«Mmmh! Das ist ja ein richtiger Leckerbissen! Aber was führt dich an den Oberblegisee? Willst etwa im kalten Wasser baden?»

«Ganz und gar nicht, das wäre nämlich nichts für meinen Bart.»

«Der ist aber auch wirklich schön. Kürzlich habe ich vernommen, dass es auch Zwerge ohne Bart gebe.»

«Ja so was!» wundert sich Bartli, und tut, als hätte er noch nie davon gehört. «Nun, was mich betrifft, so habe ich ja einen. Jetzt muss ich aber weiter, auf die Guppenalp, wo ich jemanden aufsuchen muss.»

«Kennst du den Weg dorthin?»

«Ja, man hat ihn mir erklärt. Aber magst du mich ein Stück begleiten, du kleine Eidechse?»

«Noch so gerne! Gibst du mir dafür noch etwas von deinem Honigbrot?»

«Hier», lacht Bartli, und dann machen sich beide einträchtig auf den Weg. Auf der einen Seite des Pfades sieht man tief ins Tal hinunter, auf der andern türmen sich mächtige Felswände bis zum Himmel.

Bald senkt sich die Dämmerung über die Welt, die Sterne blinken silbern, und der Mond steht über den Bergen. «Bist du noch da, Eidechslein? Ich bin müde und möchte schlafen.»

Bartli legt sich neben einem noch sonnenwarmen Felsen ins Gras, und das Eidechslein macht sich ein Nestchen im Zwergenbart. So übernachten sie friedlich, bis sie durch die ersten Sonnenstrahlen geweckt werden.

«So gut habe ich schon lange nicht mehr geschlafen», freut sich das Eidechslein, «aber höher hinauf kann ich nicht mehr kommen. Es ist noch gar weit zur Guppenalp. Siehst du das breite Felsband dort oben mit dem Steinturm dahinter? Da hinauf musst du steigen. Dort wohnt ein weiser Zwerg.»

«Und genau diesen muss ich aufsuchen. Aber willst du mich wirklich nicht mehr begleiten?»

«Nein, der Weg ist viel zu steil für mich. Ausserdem wachen dort oben zwei Hühnerdiebe *(Mäusebussarde)*, vor denen ich mich fürchte. So leb denn wohl, lass dich wieder einmal sehen.» Und schon ist das Tierchen zwischen den Steinen verschwunden.

Gemächlich steigt der Zwerg allein weiter. Das Gras wird spärlicher, und bald sieht man nur noch Steine, Geröll und Felsen. Vorsichtig einen Fuss vor den andern setzend, nähert er sich auf schmalem Pfad dem Felsband, doch der führt auf's mal nicht mehr weiter. Bartli setzt sich, um Atem zu schöpfen. Dabei sagt er laut zu sich selber:

«Die Welt ist wirklich grösser, als ich gedacht habe. Und jetzt bin ich wohl am Ende der Welt.»

Da öffnet sich gleich neben ihm ein Felsentürchen. Hinaus tritt ein Zwerg mit steingrauem Wams und weisser Mütze.

«Guten Tag», grüsst Bartli. «Schön habt ihr es da oben.»

Der graue Zwerg erwidert den Gruss und fragt: «Bist du auf der Beerensuche?»

Darüber muss Bartli lachen. «Wenn's möglich wäre, nur sind keine zu finden. Nicht einmal Steinbeeren habe ich gesehen.»

«Ich weiss schon. Aber tritt ein, die Bussarde haben uns dein Kommen bereits angekündigt. Mein Name ist Turi *(Arthur)*; ich bin der Gehilfe vom Egydi *(Aegidius),* dem uralten, weisen Zwerg. Komm mit.»

Bartli folgt dem Turi durchs Felsentürchen und steht staunend in einem weiten Raum, in dem, so meint er, eine Kirche Platz finden könnte. Durch ein grosses Loch erblickt man den blauen Himmel. Sie steigen eine Treppe hinauf. Dort sitzt in einem kleinen Raum auf einer steinernen Bank und an einem steinernen Tisch der uralte Zwerg. Er hat ein bleiches Gesicht und trägt ein graues Gewand, aber keine Mütze, sondern einen hohen, weissen Spitzhut.

«Sei willkommen, ich bin der Egydi. Hast du den Weg gut gefunden?»

«Ja, das war gar nicht schwierig. Ich bringe dir Grüsse vom König von der Alp unter dem Eggstock.»

«Ich danke dir, komm setz dich. Was führt dich zu mir?»

Bartli nestelt das Säcklein unter seinem braunen Wams hervor und reicht es dem Weisen. Dieser öffnet es, und entnimmt ihm denn Stein. Es wird totenstill, keiner sagt ein Wort, denn plötzlich ist die Kammer in rosarotes Licht getaucht, und auch der Egydi sieht nicht mehr so blass aus.

Bartli nimmt auf einem runden, niederen Stein Platz und erzählt, wie die sieben Zwerge sieben Jahre lang im Berg arbeiten mussten und dabei Quarz, Gold und Silber geborgen haben, und wie er auch noch diesen wunderbaren Stein gefunden hat, der wie Feuer leuchtet. Nun habe der König ihn, den Bartli, zum weisen Egydi geschickt, damit er herausfinde, was es mit dem Stein für eine Bewandtnis hat und bestimmt, was damit geschehen soll.

Egydi hat aufmerksam zugehört, und immer wieder mit dem Kopf genickt. Bartli sitzt nun still da, denkt aber bei sich, dass ihm eine währschafte Gerstensuppe und ein grosser Teller mit Zigerhöreli *(Glarner Teigwaren-Spezialität)* lieber wären, als alle roten Steine zusammen.

«Du scheinst Hunger zu haben», bemerkt Egydi. «Turi, schau, dass er etwas zu Essen kriegt. Dann gibst Du ihm einen frischen Laubsack und zeigst, wo er schlafen kann. Er ist ja schliesslich von weit her gekommen und sicher rechtschaffen müde. Wenn morgen die Sonne hinter dem Spitzmeilen aufgeht, wollen wir weiter schauen.»

Bartli fragt sich, ob der Egydi wohl seine Gedanken lesen konnte und gewusst habe, dass er einen so gewaltigen Hunger verspüre.

Turi führt ihn in eine Kammer, wo um einen Tisch herum eine ganze Anzahl Zwerge sitzen. Alle sind grau im Gesicht, als ob sie Bauchweh hätten. Auch schien es, als ob sie dauernd über irgend einem Problem brüten würden. Doch Bartli kümmert sich nicht um diese Grauzwerge. Er setzt sich zu ihnen an den Tisch, und siehe da, Turi bringt ihm die währschafte Gerstensuppe und ein gehäufter Teller mit Zigerhöreli, wonach er vorhin so gelechzt hatte! Er lässt sich nicht lange bitten und greift tüchtig zu. Die Grauzwerge betrachten ihn schweigend dabei.

«Welch sonderbare Gesellen», denkt Bartli.

Eigentlich hätte er ganz gerne mit ihnen geplaudert, doch angesichts ihrer verschlossenen Mienen vergeht ihm die Lust dazu.

Wie er sein Abendessen geschafft hat, zeigt ihm Turi, wo er sich hinlegen kann, und fast augenblicklich fällt er in tiefen Schlaf. Die ganze Nacht träumt er, jemand wolle ihm den Feuerstein entwenden. Wie er morgens aufwacht, greift seine Hand schnell unter das Wämslein. Oh Schreck! Das Säcklein ist weg, und mit ihm der Stein!

Bartli fährt hoch und macht sich aufgeregt auf die Suche nach Turi.

«Turi! Turi! Wo ist der Stein?»

«Aber den hast du doch gestern dem Egydi gegeben!»

Jetzt erinnert sich Bartli wieder. «Richtig», stammelt er etwas verdattert, aber doch recht erleichtert.

«Die Sonne ist übrigens bereits aufgegangen», mahnt Turi, «der Egydi erwartet uns.»

Wie gestern sitzt dieser auf seiner Bank und liest in einem grossen Buch. Dann bemerkt er die beiden und sagt: «Ich habe im Buch gefunden, was es mit dem Kleinod für eine Bewandtnis hat. Es ist wirklich ein ganz besonderer Stein. Viele haben schon nach ihm gesucht, ohne ihn zu finden. Du aber, Bartli, hast ihn ans Tageslicht geholt. In meinem Buch steht geschrieben, dass er unter dem Zwergenvolk bleiben muss. Sein Licht muss lebendig bleiben. Setzt man ihn in die Königskrone ein, so verliert er seine Leuchtkraft.»

Bartli blickt etwas enttäuscht Egydi an. Er wollte doch den Stein dem König zum Geschenk machen, und nun steht im grossen Buch, dass er dem ganzen Zwergenvolk gehören solle.

«Was machen wir nun?» fragt er Egydi.

«Auch das steht hier drin. Mit diesem Stein können kranke Tiere wieder gesund gemacht werden, aber nicht durch Menschen-, sondern nur durch Zwergenhand. Deshalb muss er auch in ihrer Obhut bleiben. Du kehrst jetzt wieder zum König zurück. Er erfährt inzwischen durch die beiden Bussarde, was ich in meinem alten Buch gefunden habe. Dein Besuch, Bartli, hat mich gefreut, und auch, dass der König um meinen Rat gebeten hat. Lasse ihn ebenfalls grüssen. Jetzt hänge ich das Säcklein mit dem Feuerstein wieder um deinen Hals. Turi gibt dir etwas zum Essen mit auf den Weg. Also, leb wohl, schau zu, dass du heil zurückkehrst und gesund bleibst.»

Bartli geht den gleichen Pfad hinunter, auf dem er am Vortag gekommen ist. Er jauchzt, dass es hell von den Felswänden widerhallt. Beim Oberblegisee angelangt, setzt er sich wieder hin und futtert herzhaft von Turis Köstlichkeiten. Er hat ja schliesslich noch ein tüchtiges Stück Weges zu bewältigen. Da bemerkt er das Eidechslein, dessen Bekanntschaft er bereits gemacht hat. Es scheint aber seine Munterkeit verloren zu haben, deshalb fragt er: «Was ist denn los mit dir? Du siehst ja aus, als hättest du Bauchweh.»

«Hab ich auch, wahrscheinlich habe ich zu viel von deinem Honigbrot gegessen!» und Bartli vernimmt dabei ein kleines Stöhnen.

«Wenn der Egydi recht hat», fährt es ihm durch den Kopf, «so kann ich doch dem kranken Tierchen helfen.»

Er holt den Feuerstein aus dem Säcklein und fährt damit einige Male über das Bäuchlein des Patienten. Da bewegt das Eidechsen freudig seinen langen Schwanz und ruft:

«Wahrhaftig, sie sind weg, die Bauchschmerzen! Hab vielen Dank, das werde ich dir nie vergessen!» Und flink huscht es davon.

Sorgsam verstaut Bartli den Stein an seinem Platz und nimmt die Gegensteigung vom Oberblegisee zum Seblen in Angriff.

Aber tüchtig schnaufen muss er schon!

Es ist bereits Abend, als er die Zwergenburg erreicht. Er kann es kaum erwarten, dem König seinen Bericht abzustatten.

Auf sein Klopfen nähern sich Schritte.

«Wer ist da?»

«Ich bin's, der Bartli. Ich bin von der Guppenalp zurück.»

Da öffnet sich schnell die Türe und Balz begrüsst ihn:

«Willkommen zu Hause!»

Bald darauf kommt auch der König. Bartlis Herz will fast zerspringen vor Stolz und Freude, dass er seinen Auftrag so rasch und gut erfüllt hat.

«Ich bin sehr froh, dass du wieder zurück bist», begrüsst ihn der König. «Tritt ein und erzähle, was du auf der Guppenalp vom Egydi vernommen hast. Zwar haben mir die beiden Hühnervögel bereits etwas berichtet, aber nun will ich von dir selbst alles vernehmen.»

Bartli atmet erst einmal tief durch, dann erzählt er schön der Reihe nach, wie der Egydi in einem grossen Buch nachgeschlagen und herausgefunden hat, dass es wirklich ein Wunderstein sei. Er dürfe jedoch nicht in die Königskrone eingesetzt werden, weil er sonst sein Feuer verlieren würde. Auch müsse er immer in den Händen des Zwergenvolkes bleiben, denn nur sie könnten damit kranke Tiere auf der Alp heilen. Auf dem Heimweg habe er, der Bartli, diese wunderbare Eigenschaft auch gleich ausprobiert und einem leidenden Eidechslein tatsächlich mit dem Stein die Bauchschmerzen genommen.

Der König hat ihm aufmerksam zugehört. Jetzt schaut er Bartli an:

«Du hast mir sehr geholfen, mit deinem Gang zum Egydi. Ab sofort bist du mit Balz zusammen mein Gehilfe. Und neben den andern Pflichten, die deiner harren, ernenne ich dich zum Zwerg, der den kranken Tieren auf der Alp Hilfe und Genesung bringen soll. Wohl bewahre ich das Säcklein mit dem Feuerstein in einem Geheimfach in der Zwergenburg auf, dort ist er am sichersten aufgehoben. Doch gehören soll er dem Zwergenvolk, und sobald mir gemeldet wird, ein Tier sei erkrankt, nimmst du den Stein und schenkst ihm wieder die Gesundheit. Hier hast du auch wieder dein grünes Kleid mit den goldenen Knöpfen, und dort sind deine neuen Schuhe. Jetzt aber kehre heim in dein Häuschen und ruhe dich gründlich aus. Du hast es verdient, nach allem was du geleistet hast. So schlaf denn wohl und träume etwas Schönes!»

Ergriffen drückt Bartli des Königs Hand, sagen kann er nichts vor lauter Glück. Er wendet sich zum Gehen, doch da flüstert Balz dem König etwas ins Ohr, und dieser ruft Bartli zurück: «Mit dem langen Ausruhen ist es vorderhand noch nichts. Du musst morgen früh, noch ehe der Mond untergegangen ist, in die Stöllen hinauf. Dort hat ein Murmeltier das Bein gebrochen. Hier, nimm das Säcklein mit dem roten Stein gleich wieder zu dir und bring dem armen Mungg Hilfe.»

«In diesem Fall mache ich mich doch lieber gleich auf den Weg und warte nicht bis morgen», erwidert Bartli und eilt davon. Mit weiten Zwergenschritten geht er durchs Eggloch zum Oberstafel. Und wirklich, zwischen den Felsen findet er in einem Heunest vor der Munggenhöhle das verletzte Tier. Zwei angstvolle Augen blicken ihn an.

«Komm, Kleiner», beruhigt ihn Bartli, «hab keine Angst, bleib schön liegen und beweg dich nicht.»

Während er das Tier tröstet, streicht er mit dem rotleuchtenden Wunderstein sanft über das gebrochene Bein.

Der Mungg verhält sich ganz ruhig, und seufzt nur ganz leise.

Plötzlich aber springt er hoch und jauchzt: «Ich bin wieder gesund, ich bin geheilt! Oh Bartli, lieber Bartli, hab tausend Dank!»

Juhui!